CLAUDIA PICCINNO

MAGIE IM STAUNEN

POESIE

ÜBERSETZT VON
GINO LEINEWEBER

VERLAG EXPEDITIONEN

Bibliografische Information der Deutschen Nationalbibliothek:
Die Deutsche Nationalbibliothek verzeichnet diese Publikation in der
Deutschen Nationalbibliografie; detaillierte bibliografische Daten sind im
Internet über http://dnb.dnb.de abrufbar.

Claudia Piccinno
Magie im Staunen
Poesie
Übersetzt von
Gino Leineweber
Originaltitel: Hypothetical Landing
Verlag: Mediagraf Edizioni, 2017
Umschlagfoto: Ölgemälde von Immacolata Zabatti
Cover Design: Birgitta Sjöblom

ISBN 978-3-947911-12-7

FÜR MEINE MUTTER
UND MEINEN VATER
(die jetzt meine Engel sind)

Inhalt

Vorwort … 9

Hypothetische Landung …
an die Titanic denkend … 15
Deine Stimme im Kanon … 17
Plan B … 18
Unauflösliches Duett … 19
Am Denkmal von
Sabbiuno Plan … 21
Die teilnahmslose Schiene … 22
David ist dein Name … 23
Der Mut der Verlierer … 25
Kinder eines kleinen Gottes … 27
Nawal, Königin vom Kai … 28
Fantastische Erben
des Pythagoras … 29
Der stumme Schrei … 30
Trostloses Land … 31
Vielen Dank für dein
freundliches Feedback … 32
Adam, Eva und ihre Poesie … 33
Ein offensichtliches Detail … 35
Liebe? … 37
Die Leier des Sängers … 39
Warten auf Godot … 40

Fußspuren   41
Mediales Lächeln   42
Tinten des Friedens   43
Sprich mit mir Vater   44
Frieden erflehen   45
Dieses Dorf   46
Das unbedachte Wort   47
Tunnel   48
Kein Tropfen   49
Drei blaue Rosen   50
Genähtes Herz   51
Die unsichtbare Hoffnung   52
Lipogramm in der Liebe   53
Warten   54
Jack gibt es nicht mehr   55
Dein Ziel   56
Das Adrenalin des
freien Gehens   58
Im Netz   59
Magie im Staunen   60
Ich Wolke, sie Schwalbe   61
Orangenblüten   62
Die Rüstung von Athene   63
Ich bin Theseus   64
Schmerz und Kraft   65

Vorwort

> Jack hatte es und er hat es versaut
> Tage die immer gleich waren
> Auf den Wegen
> Der mentalen Reisen

Dies sind Worte, bei denen man sofort den harmonischen Klang und die Zartheit der Poesie genießt, sie aber dann loslässt, weil man den Eindruck hat, den Sinn nicht ganz verstanden zu haben. Sie stammen aus dem Gedicht *Hypothetische Landung ... an die Titanic denkend.*

Man muss es wiederholt lesen, um in den wenigen Silben die Monotonie des Lebens zu entdecken, die Hoffnung, es zähmen zu können und in den Worten etwas zu finden, das einen innerlich aufbauen könnte. Man nehme es zur Kenntnis, aber enthalte sich des Urteils der Poetin, weil sie irgendetwas irgendwo versteckt hat und es uns freistellt, eigene Schlussfolgerungen zu ziehen.

Das ist meiner Meinung nach das poetische Konstrukt von Claudia Piccinno, das eine obligatorische Anstrengung erfordert, wenn man bereit ist, sich mit ihr oder mit ihren Versen auseinanderzusetzen. Andernfalls wären sie nur faszinierender Klang.

Zu einigen von Claudias früheren literarischen Werken habe ich die Kommentare anderer Kritiker gelesen, wie ich es immer tue, um meinen eigenen Eindruck mit ihren zu vergleichen.

Antonella Griseri sagt im Vorwort zur *Die Decke*: „Die Schönheit des Herzens von Claudia Piccinno sei von der gleichen Natur wie die ihrer Verse. Rein und klar. Sauber und ordentlich. Sie würden von einem latenten, aber würdevollen Schmerz durchzogen, den die Dichterin nicht abwägen könne, ohne ihn als unlösbar mit der Existenz selbst verbunden auszusprechen."

Slavica Pejovic kommentiert in einer Notiz über dasselbe Buch: „Ich bin mir nicht sicher, ob ich es richtig ausdrücken kann, aber sie scheint eine Balance zwischen dem Wissen um die universellen Werte und der inneren Wahrheit des einzelnen Menschen gefunden zu haben."

Milica Jeftimijević Lilić gestattet der Poetin, sie beanspruche das Recht einer authentischen Stimme, um mit den unbeachteten Zuhören zu harmonisieren. Domenico Pisana sagt, dass Claudia Piccinno ihre Versifikation in den dialogischen Horizont zwischen Himmel und Erde lenke, zwischen Denken und Handeln und zeige, so glaube sie, dass Gefühl und Emotion für die Poetin wichtige Elemente der Alphabetisierung seien und sie eine positive Beziehung erst zu sich selbst und dann zu den anderen aufbauen wolle ...

Was ich anfangs gesagt habe, hat nicht viel mit dem zu tun, was andere bereits ausgedrückt haben, aber in gewisser Weise diversifiziert es sich.

Ich lade dazu ein, in diesem Buch das Gedicht *Der stumme Schrei* zu lesen. Natürlich ist es die Autorin, die von sich selbst und einer anderen Person schreibt, die neben ihr lebt. Aber ich musste jedes Wort dreimal abwägen, um einen eigenen Grund für das Konzept zu finden, das in einer Reihe von scheinbaren Widersprüchen zum Ausdruck kommt: Ein Übel, das für ein Wiederaufleben der Kraft aus seiner Asche brennt, eine Geduld, die von einem Licht träumt, das mit hellem Schein auf die Aura eines neuen Tages fällt. Ich musste innerlich kämpfen, um für mich selbst zu entscheiden, wer gewinnen würde.

Claudia Piccinnos Stärke liegt in der Fähigkeit, sich in das Geschehen einer Welt der universellen Ablenkungen einzumischen, ohne Vorschläge zu machen oder Gewissheiten und Hoffnungen zu verbreiten. Es lässt einen verstehen, wie tief diese Art von Stimmung ist, aber ihre wirkliche Definition bleibt ein Rätsel, das man lange Zeit mit sich herumträgt.

Wenn Poesie eine Darstellung der Wahrheit ist, wie argumentiert wird, nimmt die Autorin uns auf eine Reise mit, bei der wir am Ende feststellen könnten, dass es nicht nur eine einzige Wahrheit gibt.

Das Oxymoron des Titels (der Schrei der schweigt), scheint sich, kurz gesagt, bis zum Widerspruch der Verse zu erstrecken und zwar in einem Ansatz, in dem es das Leben selbst ist, es glaubwürdig zu machen. In einer Bemerkung von Angela Iantosca über die Autorin können wir lesen:

"Es gibt Melancholie in Claudias Gedichten, es gibt Narben, die noch bluten und denen sie ihre Stimme geben will ... Es ist ein Herz, das ihr und vielleicht auch uns gehört, aber auch ein Herz, das auf eine Sonnenblume wartet".

Ich denke, dass zwischen dem was ich sage und dem anderer, vielleicht nur der Weg angelegt ist, um mit verschiedenen Worten dasselbe auszudrücken.

Für Claudia erwächst der Widerspruch daraus, die Schiene zu beobachten und nicht die Räder, die auf ihr laufen. Es ist immer die Schiene, die "die Kurve zum Kompromiss" nimmt.

In *David ist dein Name,* einem Gedicht, das einem autistischen Kind gewidmet ist, scheint Claudia Piccinno ihre Schwierigkeit zu bestätigen, einen Dialog mit der Außenwelt zu führen, indem sie zugibt, dass es nicht einfach ist, in einem Chaos von sozialen Reizen den Kompass der Sinne zu entziffern. Es scheint ihr möglich, kommunikative Ergebnisse zu erzielen, wenn man sich angesichts des Autismus noch mehr bemühen würde:

Ich werde mich dir nähern / Und versuchen zu begegnen was dich berührt / Um die Distanz zu dem Raum zu verkürzen / In den du dich eingeschlossen hast.

Dies bestätigt die Vorstellung, dass das poetische und philosophische Denken der Autorin zutiefst komplex ist. Die Welt, die sie beobachtet, findet sich in ihrem ekelhaften Staunen vor einem Flüchtlingslager:

Um uns süchtig werden zu lassen / Uns an die Diaspora / Der Unschuld zu gewöhnen.

Oder sogar nach dem Konzept der Göttlichkeit:

Kleiner Gott ... / Können wir dich so nennen? / Oder vielleicht Despot des Meeres? / Klingt das besser?

In der Folge ihrer Beobachtungen lässt sie auch die Fantasie nicht vermissen. Ich mag die Zeilen aus *Fantastische Erben des Pythagoras* sehr, die lauten:

Ich mag weder Gewinne noch Dividenden / Ich wurde geschaffen die Liebe zu vervielfältigen.

Manchmal wagt sie eine explizite Demonstration für den Leser. In *Tinten des Friedens* scheint es offenbar zu werden:

Gefangen in den Kerkern / Von Vorurteilen / Wird flach gestorben / Wie im Hospiz.

Aber schon in *Sprich mit mir Vater* über die ewige Spannung zwischen Glaube und Vernunft kehrt sie zurück, um ihn in Ruhe zu lassen:
Sind sie die Prüfung / Des freien Willens / Oder vielleicht Tricks / Urzeitlicher Dämonen?
Heutige Wechsel mit Gesten der Vergangenheit und frühere mit Gewohnheiten der Gegenwart, werden wunderschön im Gedicht *Im Netz* dargestellt:
Keine Tauben mehr / Auch keine Mondschein-Serenaden / ... Die Trostlosigkeit des Schweigens / Wird mit einem Piepton abgewehrt.
Schließlich wird der aufmerksame Leser feststellen, dass er von ihrer Hand auf eine schwierige, aber unglaublich verjüngende Reise geführt wird. Außerdem, dass er Realitäten und Fantasien, irdische Aspekte und kosmische Geheimnisse in einem Kaleidoskop von Emotionen antrifft. Sowie Urteile über die Existenz, Traditionen und Modi in einer Synthese von allem, was uns umgibt. Die ungewöhnliche lyrische Fähigkeit von Claudia Piccinno macht nichts anderes, als all dieses mit Weisheit und Diskretion sowie mit Schärfe und Hingabe darzustellen.
Schließlich wird man die Verse wieder und wieder lesen, auf dem Weg die Autorin zu verstehen.

Brunello Gentile
Schriftsteller und Kulturveranstalter

Hypothetische Landung ... an die Titanic denkend

Jack hatte es und er hat es versaut
Tage die immer gleich waren
Auf den Wegen
Der mentalen Reisen

Es war um Rosis Willen
Dies gewünschte Treffen
Innerhalb der Mauern

Er wird zum Burggraben
Zu ihrer Rettungsleine
Dem Wellenbrecher
Dem Notfallplan
Ein solidarischer Gesprächspartner
Fast ein normaler Mann

Rosi kann nicht schwimmen
Aber das Meer fasziniert sie
Im Inneren ist ihr kalt
Sie fürchtet es könnte dort
Ein Feuer ausbrechen

Rosi steht vor den Anhäufungen
Ihrer Ängste
Keine Erwartungen mehr
Auch keine zuverlässige Mitte
Aber sie will glauben
Ihr virtueller Jack
Hätte echte Zuneigung empfunden

Jack und Rosi werden sich
Im täglichen Leben
Nicht wiederfinden

Auf fernen Planeten
Werden sich ihre Pilgerseelen
Am Rande paillettenbesetzter Schaufenster erkennen
Auf einer hypothetischen Landung
Den Schiffbrüchigen nicht
Doch allen Matrosen bekannt

Deine Stimme im Kanon

In einem Lied von außerhalb der Zeiten
Habe ich einen Blick auf dich geworfen
Mir kommen Erinnerungen

Beim atavistischen Klang eines Gongs
Bei seinem bronzenen Echo
Erkenne ich deine Stimme im Kanon

Unsere Laute sind Töchter des Grolls ...
Aber sie dringen in mein Schweigen
Schmerzhaft ohne Berufung

Konzentrisch wie Wellen im Teich
Unregelmäßig akustisches Schwingen
Sind sie wie Tsunamis in meinem Geist

Plan B

Leuchtend im autonomen Licht
Im Winkel deines Blicks
Rebelliert es in meinen Gedanken
Und irrationalen Gefühlen
Ich gehe über kilometerlangen Asphalt
Um jeden meiner Schritte auf dem Boden zu halten
Und nicht von Zweifel gepackt
Woanders hinzufliegen
Um dann zu Boden zu stürzen
In ein Glaubensbekenntnis und verblasste Farben

Plötzlich aber rüste ich mich
Wie in einer Muschel
Um im Herzen keine Erwartungen
oder heimtückische Hoffnungen zu weben
Ich hatte nicht an Plan B gedacht
Vom Willen der Seele
Dich für eine Landung auszuwählen
In deinen Armen
Werde ich ausruhen
In endloser Umarmung

Unauflösliches Duett

Geschichte einer Großmutter
und eines kleinen Mädchens

Sie ist da ... sich zu ihren Füßen kuschelnd
Und zuhörend
Der Hinweis auf herbstliche Runen
Als wären sie das Evangelium
Sie errät das Privileg des Mündlichen
In dem die Beispiele aufbewahrt sind

Die Worte und Taten
Das Brot das dich zurücklässt
Die heiße Liebe aus der Dose
Das Schicksal wütet heftig
Die Großmutter und das kleine Mädchen
Im unauflöslichem Duett

Die alte Henne wird zum
Küken ohne Federn
Das plüschige Treppen benötigt
Um seine Schritte zu dämpfen
Das kleine Mädchen wird zur Henne
Stellt alternative Lösungen bereit
Um das Gefieder zu verstärken
Und um die verwundeten Flügel
Der Großmutter zu polieren

Manche Flüge folgen nicht ihrer Bahn

Der Ruf nach der Suche
Mit dem Leben Schritt zu halten
Um für Krankheiten vorzusorgen
Und sich in eine Tyrannin zu verwandeln

Diese Lektion wurde dem Mädchen vermittelt ...

Es hat sie dem ganzen Hof und Bienenstock erklärt
Lieben lesen erinnern

Am Denkmal von Sabbiuno Plan
(Bologna)

Ich geleite meine Schüler
Damit sie es wissen
Zum Denkmal von Sabbiuno Plan
Sie lesen die 34 Namen
Halten sich an den Händen

Arno und Vanes sind auch hier
Sie sagen – Wir waren keine Helden
Es gab weder Gut noch Böse
Es war Krieg
Wir mussten uns verteidigen –

Sie erzählten von „Romagna"
Dem Freiheitskämpfer Franco Franchini
Der in das Haus von Guernelli eindrang
Um wie Vögel in Käfige
Eingesperrte Partisanen zu befreien

Das wurde von den Nazis an 36 Zivilisten vergolten
Doch zu lesen sind nur 34 Namen
Über die zwei Ausländer die der
Partisanenbrigade beigetreten waren
Gab es keine Dokumente

Meine Schüler wissen jetzt
Nach wem ihre Schule benannt ist

Die teilnahmslose Schiene

zum Eisenbahnunglück
in Apulien im Juli 2016

Unveränderter Blick
Der schräge Bogen
Auf rundem gewundenem Weg
Aus Kreisen und Wicklungstechnik
Wurde plötzlich rot

Sie blieb die ganze Zeit über teilnahmslos

In ihrem bestimmungsmäßigem Zweck
Ohne jegliche Logik
Ohne greifbares Einfühlungsvermögen
Vom Wasserzeichen
Sie war gefangen in ihrer hartnäckigen Suche
Nach Intensität und manchmal verleugnete sie
Die ersehnte Normalität

Sie blieb die ganze Zeit über teilnahmslos

Zwischen existenziellen Problemen
Mit unbeugsamen Fragen
Ohne an irrationalem Verlangen
Zu ersticken und sich nicht
Unmotivierten Blicken
Ferner Neugier und
Zufälligen Einsichten auszusetzen

Sie blieb die ganze Zeit über teilnahmslos

Bis sie die Bremse zog
In der Kurve zum Kompromiss

David ist dein Name

Gedicht über ein Kind mit Autismus

Wohin geht dein Blick David?
Du hast dich im Kleinen verloren
Um nicht das Ganze zu sehen

Der Kompass der Sinne
Ist im Chaos der sozialen Reize
Nicht leicht zu entziffern

Wie werde ich die Gabe
Der lästigen Biologie unterstützen?

Wie das Versagen der Verbindungen
in deinen sensorischen Fähigkeiten beobachten?

Es ist eine enorme Anstrengung
Für uns – die „Normalen"
Mit Gesten Worte zu kompensieren
Für gemeinsame Aufmerksamkeit
Oder dich dazu zu bringen Fragen zu stellen
Diese Ziele kläre ich in meinem Kopf

David ist dein Name

Du bist für mich keine Diagnose
Keine Variante
Oder ein Fehler genetischer Architektur
Weder unerfüllte Erwartung
Noch eine frühe oder späte Intervention
Beeinträchtigt die zerebrale Durchlässigkeit
Eine Spektralstörung

David ist dein Name

Das Kind das sich ins Detail verliebt
Ich werde mich geben wie du
Werde auf deinen verwirrten Ausdruck achten
Ich werde mich dir nähern
Und versuchen zu begegnen was dich berührt
Um die Distanz zu dem Raum zu verkürzen
In den du dich eingeschlossen hast

Der Mut der Verlierer

Die großen Augen – Ismael
Der ausgetrocknete Mund – Ikrahm
Die klingende Stimme – Aziz

Auf dem Weg entfernten Winde den Zug
Den englischen Kindertransport
Als der Krieg Europa plünderte
Sie waren die Kinder auf dem Weg

Die unschuldigen Augen hier
Die dem Kreuz geopferten Lämmer dort
Die zu Lande und zu Wasser
Uns die Nachrichten vorführen

Wir, die Diener von Charon
Wir – die Zivilisten
Wir – die Geiseln der Gleichgültigkeit
Wir – die Opfer und möglichen Komplizen
Einer ähnlichen Sucht ...

Am Rande des Weges
Voller ausgestreckter Hände
Stehen wir – bewegungslos
Mit verschränkten Armen
Die keine Hilfe anbieten

Die großen Augen – Ismael
Der ausgetrocknete Mund – Ikrahm
Die klingende Stimme – Aziz

Ihre Erinnerungen
An den Lärm der Bomben
An die Wunden der Füße
Die Frostbeulen der Hände

Der Knüppel der Wachen
Der keinen Verschont
Ist Schlimmer
Als der Zug der Gezeiten

Es scheint wie die Gier der Jäger
Armut Hunger Epidemien
Ismael Ikrahm Aziz
Gehen bleiben zurückkommen

Im zivilisierte Europa ist
Das tödliche Etwas gefunden
Um uns süchtig werden zu lassen
Uns an die Diaspora
Der Unschuld zu gewöhnen

Das Flüchtlingslager

Für die Stumpfheit unseres Geistes
Im Gegensatz
Zum beispiellosen Mut
Der Verlierer

Kinder eines kleinen Gottes

Kleiner Gott ...
Können wir dich so nennen?
Oder vielleicht Despot des Meeres?
Klingt das besser?

Alles zum Schlachthof geschickt
Träume die nicht schwimmen können
Verkettete atavistische Ängste

Mit dem Fuß tief
Aufs Gaspedal
Des ungerechten Schicksals

Dem alten Ballast
Schließt sich mit Armut und Hunger
Nur der Verrat noch an

Lässt Waisenkinder
Zu Hunderten
Im saugenden Wirbel
Der Gefieder zurück

Ich bin auch eine Waise
Mit neunhundert Brüdern
Und die einzige Tochter
Von demselben Gott ...

Nawal, Königin vom Kai

Für Nawal Soufi

Man nennt sie den Engel der Illegalen
Sie beaufsichtigt die Landung
Der Erwachsenen und Kinder
Warnt die Küstenwache
Bevor der Sturm losbricht

Sie sagt: Passt auf
Achtet darauf wer
Nach Arbeitern ausschaut
Wer vorgibt heilig zu sein

Nawal ist schlank und schön
Sie ist die Schwester für alle
Die Hüter der Nacht ängstigen sich vor ihr
Tagesgäste bleiben fern

Um ihr Haupt bindet sie einen Schal
Trägt dazu aufdringliche Kompetenz
Mit der sie die Gefährten des Meeres versorgt
Bewahrt sie vor dem Sturz ins Böse

Nawal ist klein mit großem Geist
Hat den Kopf voller Ideen
Ohne Angst im Herzen ist sie
Die Königin vom Kai

Sie schützt alle
Durch Täuschung und Tricks

Fantastische Erben des Pythagoras

Das Leben tätowierte mir Zahlen
Auf die linke Seite meines Herzens

Ich werde auf sie zurückkommen müssen
Um tugendsam zu singen und aufzuhören
Das Geben und Nehmen zu berechnen
Das Teilen mit dem Bruch von Drei

Es ist die Dritte die unversehrt bleibt
Beim Addieren und Subtrahieren
Diese drei, die keine Gleichheit gewährt
Solange es andere Möglichkeiten gibt

Beim Berechnen herrscht Trockenheit
Wodurch sich
Der Zorn des Zeichens der Multiplikation
Von selbst entzündet

Ich bin das Zeichens der Multiplikation
Fantastischer Erbe des Pythagoras
Ich mag weder Gewinne noch Dividenden
Ich wurde geschaffen die Liebe zu vervielfältigen

Der stumme Schrei

Verbrennt das alte unverdiente Übel
Einer Mutter Seele leidet
Im stummen Schrei

Ihre Friedlichkeit schaudert
Aus der Asche
Erhebt sich ihre Kraft

Wir sind noch einmal zusammen
Das ist auffallend
Für die Mehrheit

Nicht für uns
Die wir nach Einbruch der Dunkelheit
Vom Licht geträumt

Im Schattenkegel meiner Ängste
Der mit hellem Schein
Auf die Aura eines neuen Tages fällt

Trostloses Land

Trostloses Land
In stillschweigender Beständigkeit
Überfüllte Weiten
Mit verhöhnenden Ansichten

Achte auf liebevolle Äußerungen
Verbeuge dich vor meinem Gerede
Höre jeden Akzent als Evangelium
Und fürchte nicht den Zorn der Toten
Denn er ist ehrlicher als alle Schmeichelei
Die in die Stille fällt wenn du erscheinst
Trostloses Land ruft Vergessen hervor

Möge der Frühling Tropfen von Absinth
Mit Morphin mischen um die Winde
Der bitteren Erinnerungen einzudämmen
Du kannst die Brise beruhigen
Oder einen Sturm auslösen
Aber bereite die Sonne schon mal
Für die Zeit des Aufwärmens vor

Das Landschaft fließt
Im Schneegestöber des Wahnsinns ins Uferlose
Mit der Unkenntnis vom Neid des Verlierers
Werde ich am Anfang des neuen Tages auf dich warten
Aber der Pfad wird bereits voll mit frischen Sprossen sein
Um mein trostloses Land zu parfümieren
Das sich bald mit grünen Wiesen zeigen wird

Vielen Dank für dein freundliches Feedback

Formalien sind jetzt gefragt
Nach den unwillkommenen Kontakten
Mehr wird nicht länger erwartet werden

Ich habe Spuren von Vergebung und Verwirrung gefunden
Ein Herz das sich den Groll abstreift
Vertraut in reines Hören und frei von Heuchelei
Aber das Leben macht was es will egal ob was geschrieben
Auch gelesen wird um die Dinge zwischen uns zu ändern
In meinen Augen ging es nur darum zuzuhören
Doch als wir uns trafen haben deine das nicht gesehen

Ich habe sie seit Monaten entbehrt
Und ersetzt durch eine Liste von – Hallo, wie geht es dir –
Von – Du bist wunderschön / Du bist großartig – und so
  weiter
Das Leben macht was es will egal ob es wegen dieser
  hastigen Blicke ein Telegramm geben wird
Ich werde keines schreiben
Es wäre von Sehnsucht nach alten Zeiten diktiert
Die im Schmutz vom Geschwätz anderer Leute vergehen
  würde

Vielen Dank für dein freundliches Feedback

Adam, Eva und ihre Poesie

Ist dein Gedicht für immer verloren
Das einzige Zeichen eines denkbaren Glücks?
Flüchtiges Vergessen des Schmerzes
Befleckte Dimension des Unmöglichen
Unglaubliche Wut zerstörte
Die Geographie einer Seele
Als die Klinge in die Stille drang
In die Zeichen der Einsamkeit

Sie ist ... bedrohlich

Beute einer archaischen Angst
Opfer eines unbewussten Geflechts
Das nicht bestehen konnte
Ein Gedicht ohne Zeilen und Strophen
Ein Gedicht ohne Studenten
Dass sie es auswendig lernen
Ein unerkanntes Gedicht
Von der UNESCO

Eva hat im Zweifel nach dir gesucht
Auf der Reise in ihre Schuld
Sie hat Entschuldigungen gefunden
Doch die sind nie ausgesprochen worden

Eva hat in Adams Drohungen gesucht
In den zischenden Stimmen und im Kalender

Er war vielleicht aber schon mit dieser roten Rose
An einem Sommerabend verlorengegangen
Verliebt in die Geflechte seiner selbst?

Oder waren es nur Halluzinationen
Einer kleinen Eva?

Sag es mir ... Adam ... sag es mir

Ein offensichtliches Detail

Ich beschreibe ein offensichtliches Detail
Dein Gesicht wurde makellos rot
Es beleuchtete wie eine Offenbarung
Den Hinweis auf Verrat

Die Hände von Pontius Pilatus
Unter fließendem Wasser
Ich schreibe
Nach dreiunddreißig Tagen
Jesus wurde dreiunddreißig Jahre alt
Dreiunddreißig Kreuze im Kalender

Schreiben

Es bringt mich zurück zu dir
Mit der Tinte sind große Wendungen möglich
Wenn sie heraussprudeln
Die Tinte wiegt sich schwarz in der Schrift

Sie hat nicht die Unmittelbarkeit der Sprache
Sie kultiviert sich in verborgenen Windungen
Bevor sie hervorkommt
Ich werde über weitere Details schreiben
Die sich unbehaglich in meinem Inneren betten
Ich werde über dich schreiben

Wie wir waren

Wenn meine Begeisterung
Deine Gedanken infiziert
Werde ich schreiben
Um Enttäuschungen zu begraben
Um die Wut zum Schweigen zu bringen

Und weil ich es nicht verstanden habe
Dieses offensichtliche Detail

Gesenkter Blick
Augen auf die Schuhe gerichtet
Gequältes Lächeln
Du liebst mich nicht
Unversöhnliche Emotionen
Treffen sich und pendeln hin und her

Schreiben

Wie eine Reise ohne Wiederkehr
Auf der es für Cicero das Herz
Und für mich als Dienerin
Die Tinte gibt
Das einzige Ziel:
Erkenne dich selbst

Liebe?

Liebe ist wie eine Sonnenblume
Die sich in meine Richtung dreht
Zum einzigen Licht des Tages

Liebe ist derjenige
Der am Fuße des Berges steht
Und mich erwartet

Liebe ruht im Schatten meiner Frische
Ermuntert meinen Schritt
Auf holprigem Weg

Liebe gibt was mir fehlt
Erlöst mich davon
Zu verzichten

Liebe hört mein Schweigen
Füllt das Dunkel
Des Abstands zwischen uns

Liebe gräbt nicht nach Verborgenem
Macht keine Fehler
Und lenkt nicht ab

Liebe ersetzt Entbehrungen
Tauscht es gegen
Das Lachen ein

Liebe benötige keine Logik
Verbietet nichts
Und stärkt das Herz

Liebe vergeht in Erinnerungen
Zögert in ihrer Vorstellung
Und – stirbt stellvertretend
Für blinde Sucht die nicht weiß
Was das Gefühl zu besitzen heißt

Die Leier des Sängers

Diener zweier Herren
Ließ sich blenden
Von Ruhm und Leidenschaft
Von den Plänen anderer

Ein Harlekin
Gefangener seiner selbst
Dem es nicht gefiel
Seinen Charakter zu leben

Der ihn verschleuderte
Das Gehörte entstellte
Das Zirpen
Der sprechenden Grille blockierte

Konnte Dante fliegen?
Ohne seine Beatrice?

Verhinderer der Wünsche
Maulkorb der Seele
Spielte mit echtem Geld

Falls dieses Rezept
Jetzt sein Anspruch ist
Gibt es keinen Unterschied
Zur Leier des Sängers

Es ist nur der Söldner
Mit dem Instrument des Vergnügens
Der Edelmann
Der vor dem Palast kampiert

Warten auf Godot

Zwei Dotter in einem Ei
Das Leben und sein Spiegel
Foscolo und Ortis
Dr. Jekill und Mr. Hyde
Ich bin hier
Ich warte auf Godot
Das ist es was du siehst
Glaubst du die Liebe kommt von selbst?

Es ist offensichtlich
Das du nicht weißt was geschieht

Und ich?

Ich habe gelernt beim Putsch zurückzuschlagen
Nach ständig nutzloser Amnestie

Liebe und Hass
Wahrheit und Lüge
Fühlen und Denken

Zwei Dotter in einem Ei
Seine Schale ist zerbrochen
In dumme Splitter

Wartend auf Godot

Fußspuren

Auf dem Lebenspfad
Zwischen Klippe und schmalem Grund
Gibt es Schritte ohne Spuren

Sie kam auf Zehenspitzen
Ohne jedes Geräusch
Heilmittel gegen
Kleinbürgerliche Langeweile

Die Kraft liegt in der Stimme
Mit der sie erscheint
Rebellisch von Anfang an
Bei jedem Status quo ...

Ihre Bedürfnisse sind
Der Soundtrack ihrer Litanei
Beelzebub-Attacken
Für die Meisten unverdaulich

Wenn sie ihr Herz hergibt
Zeichnen sich Fußspuren
Die nicht entfernt werden

Mediales Lächeln

Erdölrückstände
Im Herzen einer Amöbe
Es ist Plastik in den Fußabdrücken
Aus den Reihen ignoranter Freunde
Plastik in den Medien belächelt
Auf Abstammung getestet
Plastik in verbalen Engpässen
Zur Naivität im Einsatz
Plastik – Plastik überall
Und ich – Ich bleibe aus Glas

Tinten des Friedens

Auf den weißen Laken
Die du mir gegeben hast
Tinten des Friedens

Ich habe gesät
Warum sprießt dann du

Vorsehung für den
Der ohne sie nicht leben kann

Die Füßchen von Kindern
Die nicht geboren
Erscheinen in den Scherben
Der geschälten Rosenkränze

Verkrampfte Hände
Armer einsamer Charakter
Vernichten die Ressource
Der weltlichen Wesen

Gefangen in den Kerkern
Von Vorurteilen
Wird flach gestorben
Wie im Hospiz

Befruchtete Werte
Von Frieden und Liebe

Die des Krieges würden sie
Aus Gewohnheit aufgeben

Sprich mit mir Vater

Über die ewige Spannung
zwischen Glaube und Vernunft

Möge dein Wort
Meine Schritte beleuchten
Auf das ich im Gebet
Das wahre Mittel gegen
Die Apathie der anderen
Und eine Freundschaft finde
Meine Seele zu teilen

Sprich mit mir Vater
Von der Höhe des Himmels
Erkläre mir unmissverständlich
Die Sünden

Sind sie die Prüfung
Des freien Willens
Oder vielleicht nur Tricks
Urzeitlicher Dämonen?

Ist es immer die Antwort, oh Vater
Die eine – die von Eva und ihrem Fehler
Durch die alle Freuden
Von uns genommen wurden?

Leise frage ich – und weiß
Dass unbeantwortet Spannung bleibt
In der mein Glaube
Nicht gut behandelt sein wird

Frieden erflehen

Friede und Gelassenheit sind die angebeteten Göttinnen
Die Zukunft meines Sohnes zu gestalten
Friede in den Augen eines jeden Menschen
Der im Königreich natürlichen Zusammenseins auf Erden
  lebt
Mögen Rehe aus einer Quelle trinken ohne sie zu leeren
Mögen Ameisen den Winter überleben.
Mögen Schmetterlinge ihren Tag ändern im grenzenlosen
  Tanz

Friede und Gelassenheit an Runden Tischen
Derer die uns regieren
Wie an denen der Gründerväter
Denen das Hauptinteresse dem Wohl des Landes galt

Friede und Gelassenheit und Fairer Handel
In der Wirtschaft und in unserem Namen
Wo die Stunden die Zeiger in Strahlen verwandeln
Um Frieden bitte und auf Gelassenheit hoffe ich
Für all jene die an die Menschheit glauben
Für all jene die nicht nach einer Vorhölle fragen
Für all jene die darüber reden ohne es versucht zu haben

Dieses Dorf

Glänzend polierter Marmor
Leugnet unbezwingbare Schönheit
Geometrisches Denken
Es begrenzt die Träume
Auf dem einzigen Weg
Eng wurde
Dieses Dorf
Für jeden der es wagt
Auf eine andere Reise
Gehen zu wollen

Das unbedachte Wort

Das unbedachte Wort
Kitzelt schlecht versteckten Ärger
In der Lende explodiert
Die Wut

Die Schmeicheleien anderer Leute vermischen sich
Mit der Reinheit eines strengen ehrlichen Gefühls
Es ängstigt mich
Ich flehe dich an – Oh Friede!

Ich habe an mir gezweifelt
Doch bin ich auf der Suche
Nach dem Wahren unverwüstlich
Zwischen den Lügen anderer

Ich habe Dornen zu Garben gebunden
Habe dem Lügner vom Dienst
Nicht nachgegeben
Ich blicke auf ihn

Blumen werden gestreut
Für sie die ihre eigene Wahrheit heiratet
Um einen reineren besseren Blick zu haben
Ich habe mich nicht gebeugt – die Zeit hat es erledigt

‚Frau Plastik' hat alles eingerichtet
Mit ihrer behaglichen Meinung
Und einem medialen Lächeln
Findet sie ihre Möglichkeiten

Ich werde es wieder gutmachen
Nur das unbedachte Wort war mein Begleiter
Eines Tages werde ich triumphieren
Auf das mein Selbst sich im Glas widerspiegelt

Tunnel

Tunnel ohne Ausgang
In Geist und Seele
Versiegelt vom Schweigen
Wie aus Beton

Ich habe das Licht verloren
Den Weg zerstört
Die Freude getrübt

Das unangebrachte Vertrauen
Verstärkt die dunklen Pfade

Die strengen Wege der Einsamkeit
Werden zu breiten Straßen
Zu unhörbarem Glockengeläut des Spotts

Eines Tages wird sie wiedergeboren
Als eine Blume im steinigen Grund
Dann wird sie die Dornen
In den Brombeersträuchern ausreißen

Kein Tropfen

Allein auf trockenem
Heißen Sand
Kein Tropfen
Wässert hier

Das sind wir
Flüsterst du leise
Gib mir Asche
Für mein Haupt

Geh weg
Ich werde
Ohne Krücken
Gehen

Drei blaue Rosen

Drei blaue Rosen
Dreimal kräht der Hahn
Du wirst mich dreimal verleugnen

Ich gebe dir drei Rosen
Eine für jedes Mal
Die Dornen treffen deinen Geist

Lasse dir von den samtenen Blüten
Dein Herz bewegen
Du wirst ihren Duft vergessen

Blaue Rosenblätter

Drei blaue Rosenblätter
Drei Blütenblätter einer Rose
Fragst Du dich wer du bist

Genähtes Herz

Meine starken Schultern beugen sich
Unter dem Druck des Unentschlossenen
Meine kraftvollen Beinen
Gehen einsame Wege

Ich habe mein zerrissenes Herz genäht
Eintausend mal mindestens
Mein scharfer Verstand belebt sich
In meiner Wut auf dich

Ich hasse Trägheit
Latente oder offene Zweideutigkeit
Die Missetäter des Schweigens
Die sich der Beihilfe schuldig machen

Dass ich meine Grenzen ziehe
Erstaunt mich selbst
Ich kann dir nicht folgen
In meiner Lebendigkeit

Die unsichtbare Hoffnung

Rauschen von den Unschärfen am Horizont
Ich der Nomade auf der Straße ohne Halt
Erklimme die stillen Wolken
Um unsichtbarer Hoffnung willen
Ein waghalsiges Rennen steht mir bevor
Doch ich bestehe darauf

Mit dem verlorenen Faden
Meines verwickelten Knäuels
Ging das Prinzip verloren
Von dem was eingeflochten war
Und mit Zweifeln verdreht
Ist nur wenig noch geblieben

Ich warte auf dich
Deine fachkundige Hand
Die Knoten zu lösen
Den ‚Fabrikationsfehler' zu beseitigen
Von unvollkommener Handlung
Die Schönheit aufzugreifen

Lipogramm in der Liebe

Schlank sah man sie und müde
Die Augen übernächtigt
Vom schlaflosen ‚Vielleicht' und ‚Wenngleich'
Von nachsinnenden Rückblicken

Sie hatte ihre Intuition vernachlässigt

Ihr wäre einiges erspart geblieben
Wäre sie ungehorsam
Dem Gefühl begegnet
Müsste sie sich heute nicht quälen

Wenn eine Frau sich der Vernunft entzieht
Hat sie ihre Art Gefangenschaft gewählt
Bewusst – und tut es immer wieder
Wissend ohne sie nicht sein zu können

Warten

Mich kümmerten die Rosen nicht
Mich hat der Mohn nicht abgelenkt
Ich hielt mich an das Rot der Blütenblätter

Zu den Veilchen werde ich nicht gehen
Obwohl ich ihren Duft schon rieche
Ich bleibe hier

Ich werde auf die Sonnenblume warten
Die sich wieder und wieder
In meine Richtung drehen wird

Als wäre ich das Licht des Tages

Jack gibt es nicht mehr

Er war die Projektion eines Wunsches
Ein schwacher Plan einer Liebe
Eine Stimme die in der Stille sang
Jack gibt es nicht mehr

Er verblasst mit der Zeit
Die Seele vereist damit sie nichts mehr spürt
Jack gibt es nicht mehr

Vielleicht hatte Rosi es
nicht einmal bemerkt
Rosi ...

Sie verfolgte unbedeutende Einzelheiten
Wie den Bart und die Farbe seiner Socken
Die Kerzen auf einem Kuchen in einem Foto
Um geträumte Wege zu verkürzen

Jack war nur ein Witz ihrer Einsamkeit
Der Klon einer Illusion
Das Ergebnis einer Fantasie

Rosi ist die Übeltäterin
Nicht er
Rosi ...

Dein Ziel

Eine wohlklingende Stimme
Ein Spatz ohne Flügel
Stark
Ein Hirsch ohne Geweih
Lebenslust für drei
Ein Athlet wie du

Bedarf schärft den Einfallsreichtum
Heißt ein altes Wort
Und ich verbeuge mich
Vor der Kraft des Zerbrechlichen
Fragiles unter dem Gewicht des Kreuzes
Zufällig verteilt
Durch genetische Veränderungen
Oder blindes Schicksal
Was vielleicht morgen ist

Küss mich

Dein Ziel ist mein Ziel
Daher ist es doppelt so viel wert

Und du ... Neugeboren
Von einem unheilvollen Schicksal

Du besitzt die ganze Kontrolle
Von dieser undurchlässigen Fahrbahn
Auf den verzierten Unebenheiten
Auf diesem steilen Hang
Der dein Leben ist

Gräben und Mulden
Verwirrte Kreisverkehre
Spindeltreppen
Und steile Abstiege
Werden auf dich warten

Doch sind die Hindernisse
Die zum Ziel führen nicht in dir
Sondern im Konjunktiv des Gleichgültigen
Und in der Litanei
Des ‚Vielleicht' und des ‚Wenn er könnte'

Du hast die Räder für deinen Stuhl gefunden

Sie werden deine Flügel sein
Und kein Weg wird so steil sein
Um dich daran zu hindern wirklich zu leben

Das Adrenalin des freien Gehens

Ich buchstabierte endlose Stille
Im Blau deiner Augen
Und jedes Wort verstärkt
Diese Magie

Ungläubig folgte ich den vertrauten Richtungen
Durch das Flechten ohne Punkt und Komma

Dort am Sitz des Schmerzes zu sein
Mit meinem Lächeln in deinen Armen
War Labsal
Es wird alle Wunden heilen
Wird geheime Wege entdecken
Um im Schreiten
Unbekannte Grenzen zu überwinden

Wie ein geschicktes Ross
Das keine Barriere umgeht
Aber das Adrenalin
Des freien Gehens spürt

Im Netz

Die Gefühle der Digital Natives
Sind der Öffentlichkeit zugänglich
Keine Tauben mehr
Auch keine Mondschein-Serenaden

Doch in der Wäsche die
Zum Trocknen noch draußen hängt
Schillert feucht
Die Lust sich zu verbünden

Die Trostlosigkeit des Schweigens
Wird mit einem Piepton abgewehrt
Die Einsamkeit der heutigen Zeit
Schleicht leise durch das Netz

Magie im Staunen

Zwischen Himmel und Erde
Kekse in der Krankenhaus-Lobby
Als wären es Perlen vom Rosenkranz
Ich scanne alle Seiten der Erinnerung
Bereue alle Chancen eines Lebens
Und warte auf ein Urteil
Das mir Luft zum Atmen lässt

Im dichten Dunkel dieser Qualen
In der ich jenseitige Hilfen erflehe
Überrascht mich eine unbekannte Freundin
Meine Seele — die kein Satellit ist
Und andere Körper umkreist
Sondern die Sonnenblume meines Körpers
Aus deren Leuchten ich Kraft schöpfe

Wie ein Licht zur Weihnachtszeit warte ich
Auf die Gesichter die in der dichten Dunkelheit
Der langsamen Stunden zeitweilig erscheinen
Wie ein Kind am Abend der Heiligen Nacht
Hege ich große Erwartungen
Um sie zu verwerfen
Weil du immer die Oase in der Wüste bist

Magie im Staunen

Ich Wolke, sie Schwalbe

Frei wie eine Wolke am Himmel im März
Im Bewusstsein der Winzigkeit der Schwalbe

Ich tue so als würde ich sie zum Licht zu führen
Ich gebe dich immer noch nicht auf
Füge mich nicht dem Beweis
Mit der diebischen Elster
Unter einer Decke zu stecken
Um glänzende Medaillen zu beschaffen

Ich beuge mich nicht der Logik
Von Geben und Nehmen
Folge den Winden frei
Ziehe in den Himmel der Gerechtigkeit
Ohne die Sonne mit krankem Gepäck
Von Treulosigkeit zu verfinstern

Orangenblüten

Es war eine falsche Strategie
Die Transparenz des weißen Hochzeitsschleiers
Ein Schmuckanhänger und makelloses Korsett
Mit Spitzen und mit Tüll verziert
Auf das etwas alter Wein getropft war

Ersilia, Braut des 17. Jahrhunderts
Sie konnte sich das Kleid auswählen

Ob rot oder schwarz
Birne und Aprikose
Ananas und Kaffee

Das einundzwanzigste Siegel in farblosem Flair

Aber sie schätzt die Auferstehung des Alpenveilchens
Getarnt in den Orangenblüten des Bouquets
Um in grobes Tuch gewirkten Risiken
Die Wirkung zu entziehen

Die Rüstung von Athene

Hier wo alles begann
Ich zähle die Stücke eines angekündigten Todes
Argumentation Logik
Den magischen Glauben: du kannst es
Die Muster eines doppelseitigen Rätsels
Die wechselnden Blüten
Eines trägen Gänseblümchens
Ich bitte das Schicksal um Vergebung
Wenn ich zur Rückkehr
Aus jedem Wagnis dränge
Zu Athene
Und ihrer Rüstung
An der Cupido gekratzt hat

Ich bin Theseus

Ich möchte in der Krise leben
Nicht das Herz für
Gedankensprünge einsetzen
Ich knebele jede Emotion
Versuche die Ethik zu finden
Und mache aus Krümeln Brot
Für Illusionen

Ich einige mich mit dem Minotaurus
Um in seinem Labyrinth zu leben

Ich habe es nicht eilig
Ariadne wiederzufinden

Ich bin Theseus und meine List
Schläft in meinem Herzen

Mein Bedarf aus den verwobenen Winkeln meines Egos
Mich in der Bestie zu spiegeln erlischt
Ich erkenne die Niedertracht
In die sie mich aufgenommen hat
Um mir schließlich im Raster
Eingebauter Wirksysteme
Den Weg zu blockieren

Schmerz und Kraft

Ich lebe deinen Schmerz – oh Mutter!
Ich spüre das Leiden in den Adern deiner Arme
Ich spürte das röchelnde todmüde Herz
Schaue auf deinen unruhigen Schlaf
Der wie ein Tropfen langsam
Den stillen Riss deines gequälten Körpers füllt
Ich atmete deine Kraft ohne es zu wissen
In meiner Reise durch deinen Leib
Das ist dein Vermächtnis ... Mutter
Schmerz und Stärke
Und Wiedergeburt
Denn zusammen mit dir
Werde ich wiedergeboren werden
Noch einmal heute wie gestern
Morgen und in Ewigkeit
Es gibt Erbschaften die sich vervielfachen
Als wären sie Teile auf der Oberseite
Der Achse des Gleichgewichts
Schmerz und Kraft
Und Wiedergeburt

Biografien

Claudio Piccinno wurde 1970 in Süditalien geboren und zog kurz darauf nach Norditalien, wo sie heute noch lebt und als Lehrerin in einer Grundschule unterrichtet. Ihre Gedichte wurden neben eigenen Büchern, die in mehrere Sprachen übersetzt wurden, in mehr als einhundert Anthologien weltweit (z. B. Indien, Malaysia, Singapur, Türkei, USA, Polen, China) veröffentlicht.
Für ihre Gedichte erhielt sie unzählige Auszeichnungen.

Gino Leineweber, Jahrgang 1944, lebt und arbeitet als Poet, Schriftsteller, Übersetzer in seiner Heimatstadt Hamburg Er ist seit 2013 Präsident des Three Seas Writers' and Translators' Council in Rhodos, Griechenland und Mitglied im PEN-Zentrum deutschsprachiger Autoren im Ausland (früherer Deutscher Exil-P.E.N.). Er schreibt auf Deutsch und English.
Für seine Lyrik erhielt er internationale Auszeichnungen.